Skapad och producerad på
Strandhagen Lundarhage
Gotland våren 2018
Andra upplagan
©Anne Scheffer Leander 2018
Förlag: BoD - Books on Demand, Stockholm Sverige
Tryck: BoD-Books on Demand, Norderstedt, Tyskland
ISBN: 978-91-7463-749-6

Hav som oputsat silver

#enhaikuomdagen

Haiku och foto
Anne Scheffer Leander

Rakt fram öppet hav
I ögonvrån en koltrast
Låter hjärtat slå

Som den blå himlen
tillhör en annan planet.
Och det gör den nog

Natten sänker sig
och minusgraderna med
Oemotståndligt

Dimman hälls på allt
Träden som orörliga
skuggor vid vägen

Snösmält under träd
Hav som oputsat silver
Smörgul solskugga

Du drar dig, tvekar
Snö glider ner från taket
Snö dör framför mig

Fasaner tvekar
Rabbisar dödsrusar ut
Jag mittemellan

Solen värmer vägg
Snön krymper runt alla spår
Hjärtat slår snabbt

Rävbajs i spåret
Solen upp sex och tjugosju
Pallkanten blottad

Vinden sliter is
drar den ur viken mot norr
flyter som fjädrar

Som allt det vita,
det gröna i tallarna
Tills ögonen dör

Tyngden av dig än
ligger i minnet mot hud
Doften andas varm

Är tyngden av snö
på vacker tall vid vägen,
ett bra riktmärke?

Lika mycket skog
som vatten i min kropp nu
På ett ungefär

Hav som kvicksilver
trögt flyter det under oss
Molnen fast forward

En vägg av snörök,
som galna älvor dansar
vintern på vägen

Snöstormsvindruta
vintergatans mysterium
i en liten ask

Fartyg i viken
kulörta lyktor på däck
Lyser upp min dröm

Tvekar en sekund
Allt hinner hända oss då
Såklart inte alls

En villig vårbäck
Tilltufsade kaveldun
Lusten leker mig

Andas salt vatten
äter mörka moln till lunch.
Hemma till kvällen

Lutar mig mot träd
saknar svetten mot barken
Skägglaven fryser

Lägger mig ner platt
i gröna mjölonsnåret
bladen bär ryggen

Vilar ögonen
Kryper över stenarna
Pannan i havet

Sista kurvan nu
Var känns det att komma hem?
Just den rörelsen

Ser mina skuggor
springa om mig, i skenet
Ingen kommer fram

Halsduken två varv
Rälsen sjunger, allt lugnt
någon annanstans

Behöver inte
veta vad allt vackert är
eller heter. Alls

Vi båda sträcker
oss mot ljuset nu, på tå
Solen upp på sju

Vrider på blomman
som står i min fönstersmyg
hallå, se på mig!

Mörkret rusar ute
försöker fånga det
Eller inte alls

Snö så lätt som luft
Leker med dig hela dan
Somnar innan dig

Sitter tomhänt här
Var kommer havet ifrån?
vågorna tar allt

Sextio svanar
guppar på pallkantens våg
Så som frigolit

Radiopratet
rinner ner från min hylla
knuffar mig ur soffan

Så lätt bli snö tung
Allt vitt gör havet så blått
sen är det väl glömt

En våg kommer in
onomatopoesi
Slår lock för ögonen

Snörök i gryning
vaknar till rimfrostrosor
så går solen ner

Andan i halsen
åtta trappsteg i ett kliv
Livrädd att snubbla

Stormen rasar inne
löv jagas över mattan
en dörr står öppen

I ett annat liv
vem skulle vara du där
finns ens en som jag?

Barkröda stammar
springer andfådda om mig
Hämtar andan nu

Ingenting försvinner
Allting kommer tillbaka
Hej, jag är här nu

Så blir jag den här
Vad ska jag svara på det?
Det är ett bra svar

I det enastående
Där möter vi varandra
Ska vi säga så?

Onödigt vackert
Ber om mer än du lovar
Ger mer än jag har

Män rör sig i kök
Snön kommer retfullt lite
Det blir ändå bra

Ljuset kastar sig
hastigt åt sidan redan
Vem äger mörkt?

Förvirrade löv
sliter sig loss ur snö
dansar i vinden

Mörkret hoppar fram
Det sista jag hör är gäss
bakom rullgardin

Våren yrvaken
Skarp, vass och velig i ett
Eller är det jag

Solskenet studsar
gör stråk och volter i skyn
Smeker mig varsamt

Djupa andetag
rinner trögt in i kroppen
Snart brinner blåeld

En trana ropar
vårfloden i meander
Havet som vanligt

Ljudet av stängd dörr
mörkret som fyller rummet
när jag blundar nu

Doft av saltvatten
Dagen vill inte släppa
natten så varsamt

Tre gäss flyger runt
naggad pappersblek måne
Otåliga rop

Sylvassa isar,
solgrusade rännilar
i smältande snö

Den tysta solen
Dagg som av en annan tid
En dörr slår igen

Solsömnig kurva
Något stillar vågorna
Världens ände här

Mitt huvud mot ditt
sammetsmörker vid havet
Stjärnhimmel och allt

Moln sköljer bergen
dimma smeker strandlinjen
Blunda. Allt är nytt

Tysta andetag
Himlen vill inte släcka,
vill inte sova

Sakta växer gräs
Gömmer undan det torra
ger mig saftigt grönt

Lägger en sten här
från någon helt annanstans
När är den hemma?

Dimman som ridå
fasaner vaktar vägen
för vårens framfart

Ljus i ögonen
låter sig våren komma
på långa skuggben

Barfotabalkong
Liv som vi känner det nu
Omistligt ändå

Solkatter leker
stenar samlas på stranden
Blänk i ansiktet

Solen som går ner
Ljuset som inte släpper
taget och sjunker

Närheten till sjön
Den gör nåt med längtan
att kasta sig ut

Vind drar i håret
skjuter mig framåt en dag
Tappat räkningen

Fröfallskärmarna
singlar, landar mot kinden
Duckar för tordyvel

Den kalla luften
lägger sig så tätt ner mot
det trötta gräset

Molnen, är de på
väg fram, eller tillbaka
och var ska de sen?

Ett hundra ejdrar,
flyter som en oljefläck
Ojar sig som få

Plötslig isdimma
Tofsvipans kråmande dans
kommer helt av sig

Ögat söker av
Ramslökshavet i änget
Färgar allt så grönt

Upp med ögonen
händerna ner i jorden
och huvudet kallt

Tuschfärgerna vilar
vid just denna dags avslut
i en vacker hög

Som vitt stjärnglimmer
är äppelblomsknopparna
där i mörkret

Ögonen mätta
fingrar torra av jorden
Daggen och rodnad

Sval kväll mot min kropp
Dämpade färger vilar
Bladen samlar kraft

Havochhimmelkel
för öppen ridå bakom
glesa nakna träd

Varje steg gör ont
Så öm är försommaren
så känslig trots allt

Stenarna torkar
händerna i havet nu
när solen är varm

Tyngden av solen
Rödbenan på svaga ben
skuggan en flagga

Tärnorna jagar
Stenarna är blixtstilla
Havet rör sig knappt

Bakom ögonlock
Varma solar gör sällskap
Blundar på en stund

Den svarta sanden
letar sig in mellan tår
och ljusa minnen

Alla fåglar nu
Mitt hus har inga väggar
i sommarnatten

Kvicksilverhavet
lugnar Polstjärnans väg nu
och natten blir sval

Halo rakt över
mig där jag sitter och ser
salvian knoppas

Världen blir så stor
om en ligger bland blommor
som rör sig i vind

Glömmer fåglars namn
när du inte är hemma
Vill plötsligt veta

Vänta lite nu
gör ingenting alls en stund
Sen är så för sent

Den svala luften
trillar ner i knät på dig
helt plötsligt. Natt nu

Himlen lyser blå
en gigantisk nattlampa.
Ingen vill släcka

Som miljoner år
på mjuk bädd av ejderdun
ligger stenarna

Nu brinner blåeld
Ni hör inte musiken
i mina öron